AF317882

MONOGRAPHIE

DE LA

PROVINCE DE BACLIEU

PAR

Louis GIRERD

Directeur du Groupe Scolaire

SAIGON

IMPRIMERIE DE L'UNION NGUYÊN-VAN-CUA

1925

MONOGRAPHIE

DE LA

PROVINCE DE BACLIEU

(A l'usage des élèves des écoles)

HISTORIQUE

Le pays occupé actuellement par la Province de Baclièu est habité depuis très longtemps. Les premiers habitants, groupés en tribus vivaient sur tout le littoral de la mer; le pays faisait alors partie du Founan qui occupait l'emplacement actuel de la Cochinchine et du Cambodge. Le Founan reçut de très bonne heure la visite d'hommes venus du Sud de l'Inde qui civilisèrent ses habitants.

Au 6e siècle, le Founan passa sous la domination du roi de Kambuja (d'où vient le nom du Cambodge). Le pays devenu Cambodgien fut à plusieurs reprises désolé par des invasions javanaises (8e siècle) des rebellions intérieures (11e siècle) des invasions Cham (12e siècle) et des invasions Siamoises aux 13e et 14e siècle.

Pour se protéger, les rois du Cambodge s'allièrent avec les Annamites, mais ces derniers exigèrent en retour une partie des territoires Cambodgiens; c'est ainsi que le territoire occupé aujourd'hui par la Province de Baclièu devint Annamite vers 1735 et fit partie de la province de An-Giang Gouvernement de An-hà. Son histoire se confond alors avec celle des Provinces de Sóctrăng et de Rachgià dont elle est issue.

Le pays où habitait une population cambodgienne très nombreuse, fut d'abord gouverné par un phũ cambodgien dépendant de l'autorité annamite mais dont le grade «Lucchà-hoai», était décerné par le roi du Cambodge puis par un phũ annamite. Le Gouverneur résidait alors à Samo (Bâixàu actuel).

Nguyễn-Anh se réfugia dans la contrée lors de sa fuite devant les Tày-scn, il arriva dans la région de Càmau par le fleuve appelé sông Doc du nom d'un de ses plus illustres compagnons d'armes; il y séjourna assez longtemps, et s'éta-

blit à Tân-hưng où on montre encore une mare qu'il y fit
creuser toujours pleine d'eau douce, alors que les mares
voisines sont salées, puis à Khánh-an d'où il passa à Hàtiên.
On lui attribue l'édification à Càmau du temple de « Am-
dương-Than » élevé à la mémoire des mandarins morts à
son service.

Nguyễn-Anh séjourna encore dans la région de Còn-dâm
qu'il appela Mỹ-thạnh (pays beau et sain) ayant été frappé
par la beauté et par la fraîcheur de la température du lieu.
Il y resta 4 mois et voulut même s'y retrancher; il ébaucha
à cette fin une grande citadelle dont il n'eut que le temps de
construire les fondations qui forment aujourd'hui un grand
quadrilatère en maçonnerie recouvert de lianes. L'arrivée
inopinée des Tây-sơn l'obligea à la fuite.

Au séjour de Gialong dans la province se rattache la légende
des loutres et de la tortue de mer; les premières procurèrent
du poisson au roi et à sa suite alors dans le plus complet dé-
nuement, la seconde indiqua l'emplacement du puits Giồng-
chùa où le monarque put trouver de l'eau douce. Enfin à Lạc-
hoà se trouve le tombeau de la princesse Hoàng-Cô qui
mourut à ce moment et fut enterrée là. Ses restes ont depuis
été retirés et transportés à Huê. Le Chinois Yèt qui indiqua
l'emplacement exact du tombeau que l'on eut plus tard de la
peine à retrouver, fut nommé Phu et bénéficiaire du droit de
pêche de Mỹ-thành à la pointe de Càmau.

Quand la pacification fut faite, et en vue de mettre le pays
en défense, Tự-Đức vers la 4e année de son règne envoya le
grand mandarin Nguyễn-tri-Phương, général de la cour de Huê,
en mission en Cochinchine; ce fut ce général qui fit construire au village de Dinh-thành une dizaine de postes mili-
taires dont on voit encore les ruines et où l'on retrouve des
munitions; ce même général organisa aussi les đồn-điền à
Càmau et dans six villages du canton de Thạnh-hoà: Vĩnh-
thạnh, Vĩnh-mỹ, Bình-an, Hoà-thạnh, Phước-thạnh et Long-
thạnh; ces đồn-điền étaient des terres données à des individus
qui, agriculteurs en temps de paix, devenaient soldats en
temps de guerre.

Enfin à Cô-cò fut également créé un poste de Huyện qui fut plus militaire qu'administratif, puisqu'on y retrouve aujourd'hui des élévations de terre qui sont les restes du fortin que l'on y construisit.

Malgré ces précautions, le pays fut parfois le foyer d'une certaine agitation; des gouverneurs cambogiens, voulant se rendre indépendants, durent être ramenés à la raison et des expéditions annamites furent envoyées contre eux.

Les Chinois de leur côté, ne restèrent pas inactifs; vers l'année Qui-tị (1825) ils se plaignirent de la sévérité du Tri-huyện de l'endroit, Nguyễn-van-Nang, qui d'après leurs dires les maltraitait en leur faisant appliquer la bastonnade à 5 piquets qui consistait à frapper du rotin le patient attaché aux bras, aux jambes et à la natte; les Chinois conçurent une grande haine contre ce huyện, n'attendant qu'une occasion favorable pour se venger. Ils crurent l'avoir trouvée au moment où Nguyễn-van-Khôi fomentant à Giadinh une rébellion contre l'autorité annamite du roi Minh-Mạng, détacha l'attention de la région. Le mouvement fut dirigé par Phủ-liêm qui s'était mis à la tête des Chinois du prénom de Quach. Ils pillèrent le pays et attaquèrent le Huyện qui s'enferma dans sa demeure avec sa femme et son enfant; mais bientôt jugeant toute résistance impossible, il s'enfuit, poursuivi par ses agresseurs; il fut massacré avec sa famille et les Chinois restèrent quelque temps maîtres du pays; mais bientôt une expédition commandée par un Quyền-Tiệp (agent de l'ordre) du Huyện de Kiển-Giang (Rạchgiá) fut dirigée contre eux; les Chinois furent battus et s'enfuirent: ceux qu'on rencontra furent saisis, garrotés, et lancés dans les cours d'eau où ils se noyèrent.

Depuis cette époque, la légende veut que tout Chinois du prénom de Quach venant s'établir dans la région de Càmau, meure victime de la vengeance du Huyện Nang.

Vers 1882, les Chinois eurent la pensée d'apaiser la colère de leur victime et ils élevèrent devant la butte de terre marquant la place où repose le Huyện et sa famille, la pagode de Miễu-ông Thanh-Minh, et chaque année, ils célèbrent une cérémonie expiatoire en son honneur.

La révolte fomentée par Sanatia et Sanasua contre le «Lục-chà-hoai» Uon vers 1859, agita un moment la contrée, mais les rebelles furent bientôt vaincus par les Annamites et s'enfuirent vers Baclièu où un contingent de mercenaires malais venu de Châudốc acheva leur déroute après le combat de Vàm-leo où Sanatia fut blessé à mort et enterré à Cây-gia (Hưng-hội). Sanasua qui voulut continuer la lutte fut tué à son tour et leurs partisans cambodgiens firent leur soumission à l'autorité annamite.

Dix ans après, un autre agitateur Snct-Penn essaya de soulever le pays, mais il fut arrêté et mis hors d'état de nuire, avant que toute révolte ait éclaté.

Le territoire suivit alors le sort des 3 provinces de l'Ouest que l'amiral de la Grandière réunit en 1867 aux 3 provinces de l'Est cédées par Tự-Đức en 1862; vers 1872, une dernière rébellion vite réprimée éclata à Khánh-an et à Thới-bình; et depuis, aucun incident sérieux n'est venu troubler la tranquillité des habitants.

Enfin en 1882, Baclièu qui n'était qu'un poste administratif confié à un Huyện et rattaché à Sốctrăng, devint chef-lieu de Province dont M. Lamotte-Carrier fut le premier administrateur.

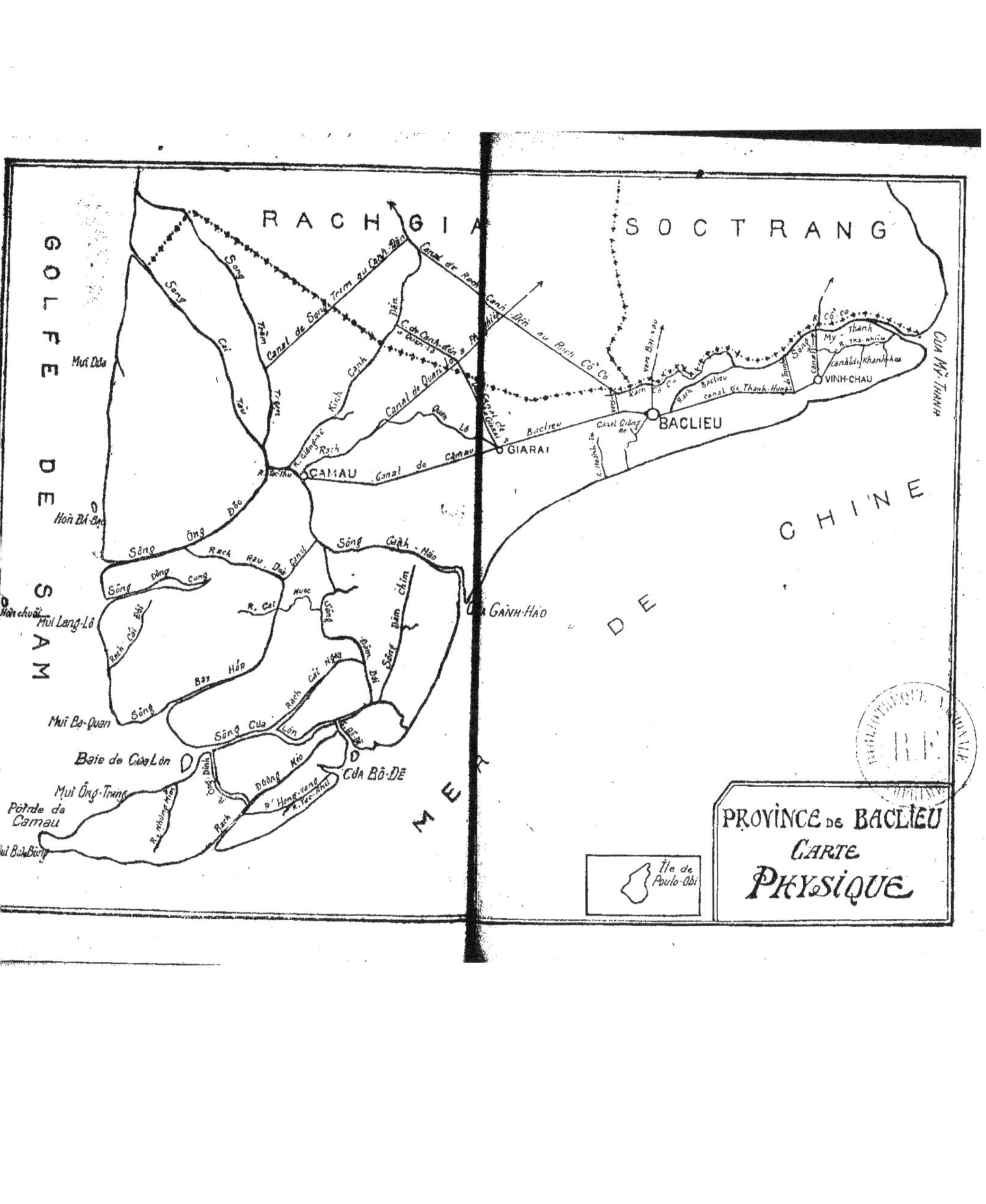

PROVINCE DE BACLIEU
CARTE
PHYSIQUE

1. — ORIGINE. — SITUATION. — NATURE DU SOL

Le mot Baclièu signifiant pêcherie-chaume vient de la dénomination donné à une pêcherie établie, il y a une centaine d'années, à l'emplacement actuel de l'inspection ; le nom s'étendit à toute la région et au rach qui la traverse.

La Province de Baclièu occupe la partie la plus méridionale de l'Indochine et de la Cochinchine. Elle est située entre 8°30 et 9°30 de latitude nord, entre 102°20 et 104° de longitude est.

Elle est bornée au Nord par la Province de Sóctrang et la Province de Rachgiá, à l'Ouest par le Golfe de Siam, au Sud et à l'Est par la mer de Chine.

Sa superficie est d'environ 720.000 hectares soit le 1 8 de la superficie totale de la Cochinchine.

Elle se divise en deux parties :

1° L'Est de la province comprenant les deux cantons de Thanh-hoà et de Thanh-hưng, formé par de la terre ferme de consistance argileuse ;

2° La région de Càmau qui est « un vaste marais, sorte de réservoir naturel formé par l'exhaussement graduel du fond du Golfe de Siam, où s'accumule l'excédent des eaux pluviales poussées par la mousson du Sud-Est ; cette région recouverte par la forêt de tram et qui peut se comparer à la Plaine des Joncs, est appelée par les habitants du nom significatif de Lang-biên (Mer tranquille) ». Elle est formée d'humus et d'argile ferrugineuse chargée d'alun.

C'est là que prennent naissance les rivières qui sillonnent la presqu'île en tous sens et sans qu'une ligne de partage des eaux sensible puisse être définie : les alluvions déposées d'une façon plus ou moins capricieuse étant probablement à l'origine, la cause initiale de la direction prise par les cours d'eau. Ces cours d'eau soumis aux marées ont de l'eau saumâtre qui, par infiltration, pénètre dans le sous sol et nuit à la culture. Toutefois les travaux de drainage entrepris dans la province, la baisse constante du niveau des marées, font que cet inconvénient s'atténue de jour en jour et la surface cultivable de la région de Càmau devient de plus en plus grande.

On trouve cependant à Vĩnh-châu, à Thới-bình, à Poulo-Obi quelques sources d'eau non salée indiquant l'existence d'une nappe souterraine d'eau douce.

Les iles de Poulo-Obi situées au Sud de la pointe extrême de Càmau, l'île rocheuse de Da-bac, celle de Hon-chuoi, situées à l'Ouest, dépendent de la Province de Baclièu.

2. — LE CLIMAT

La Province de Baclièu a un climat chaud et humide. La température y est en général moins élevée que dans les autres parties de la Cochinchine ; elle varie entre 18º et 35º. La province doit cet avantage à son grand développement de côtes qui lui permet de recevoir toute l'année la brise rafraîchissante de la pleine mer ; elle est aussi plus que toute autre soumise à l'influence des moussons.

Les moussons sont des vents qui soufflent chaque année à la même époque. Leur direction varie suivant les saisons. Du mois d'Avril ou Mai au mois d'Octobre ou Novembre, la mousson vient du Sud-Ouest ; du mois d'Octobre ou Novembre au mois d'Avril ou Mai, elle vient du Nord-Est.

La mousson qui vient du Sud-Ouest passe sur des mers ; elle se charge d'humidité ; cette humidité produit les pluies, c'est la mousson humide ; la saison pendant laquelle elle souffle est la saison des pluies. La mousson qui vient du Nord-Est souffle surtout sur des terres ; elle n'apporte pas de pluie, c'est la mousson sèche ; la saison pendant laquelle elle souffle est la saison sèche.

La région de Càmau doit à la présence d'un certain nombre d'étangs pestilentiels disséminés dans la zône marécageuse de la presqu'île le pullulement de moustiques qui sont autant de germes de fièvre surtout au moment du changement de mousson.

La rareté des puits d'eau donce oblige les habitants à recueillir l'eau de pluie dans des citernes, des mares, des jarres, etc..., pour la consommer pendant la saison sèche. Ceux qui en manquent sont parfois obligés de boire l'eau saumâtre des rivières, ce qui peut être la cause de nombreuses maladies. Les recherches entreprises récemment en vue de trouver dans le sous-sol de l'eau potable, amèneront si elles aboutissent une grande amélioration dans la manière de vivre des habitants.

3. — LES COTES

Les côtes de la Province de Bacliêu sont essentiellement formées de bandes de plusieurs kilomètres de marécages d'où émergent de maigres palétuviers ; elles s'étendent sur une longueur de 350 kilomètres.

La côte du Golfe de Siam a une longueur de 150 km environ ; partant de l'embouchure du sông Cai-tàu, elle s'étend d'abord du Nord au Sud ; unie et marécageuse elle ne reçoit que quelques petits rachs et ne porte qu'un petit cap le Mui-dua jusqu'au sông Òng-đốc.

A partir de ce point elle est plus profondément découpée ; on y rencontre l'embouchure du sông Ông-đốc longue et étroite, celle du sông Đồng-cung large et profonde, déversoir de lagunes assez étendues, puis après une légère avancée dans la mer, vers le mui Lang-lo, la côte redescend du Nord au Sud jusqu'au mui Ba-quan ; on n'y remarque qu'une embouchure un peu importante ; celle du rạch Cây-đôi.

A partir de ce point, la côte s'est profondément échancrée, elle forme la baie de Cửa-lớn qui se comble un peu plus chaque jour et où se voient les deux embouchures du sông Bãi-hạp et du sông Cửa-lớn.

La partie Sud de cette baie s'avançant dans la mer dans la direction de l'Ouest porte une grand nombre de petites rivières parallèles coulant du Sud au Nord qui sont le déversoir des marais de cette région.

L'extrémité de cette côte forme la baie et la pointe de Càmau (Mui Bãi-bùng).

Les côtes de la mer de Chine s'étendent sur une longueur de 200 k^m environ dans une direction Sud-Ouest Nord-Est.

Elles forment sensiblement un S très recourbé dont une extrémité est formée par la pointe de Càmau, et dont l'autre plus allongée se termine par le cua Mỹ-thành.

Cette côte dans sa partie méridionale est semblable à la côte du Golfe de Siam ; elle est formée de marécages où poussent seulement des palétuviers et des plantes aquatiques. Elle est peu découpée ; on y distingue d'abord l'embouchure du rạch Tắc-nhỏ qui est le déversoir d'un grand nombre de petites rivières allant de l'Ouest à l'Est, puis les embouchures du song Bồ-đề, et du rạch Gia.

A partir du cua Gành-hào, on trouve une double et parfois une triple rangée de dunes de sables qui vont en s'élargissant vers le Nord-Est. Parfois elles sont séparées de la mer par une bande de terre apportée par les eaux qui rendent l'accès de la mer impossible autrement qu'en cái-mong. Cette partie de la côte, du cua Hoành tàu au canal de Baclièu à la mer se prête à l'exploitation des salines ; la partie de la côte qui s'étend de ce canal au cua Mỹ-thành est formée de dunes de sable propres aux cultures maraîchères.

Toutes ces côtes sont trop vaseuses pour que des ports maritimes aient pu s'y établir; c'est pourquoi la province ne possède que des ports fluviaux comme ceux de Bacliêu et de Càmau.

4. — LES COURS D'EAU

Les grands cours d'eau qui arrosent la Province de Bacliêu prennent tous naissance dans la plaine marécageuse de Càmau, où s'accumule dans la dépression qu'elle forme, l'eau tombant à la saison des pluies.

Ces cours d'eau peuvent se diviser en plusieurs groupes: ceux qui se jettent dans le Golfe de Siam, ceux qui se jettent dans la mer de Chine, ceux qui rejoignent le Bassac.

Dans le premier groupe, on rencontre du Nord au Sud: le rach *Cài-làu* (50 k^m), le sông *Òng-đôc* (55 k^m) aux rives d'une grande beauté, large et profond; il reçoit le sông *Trem-Trem* (40 k^m), fleuve tranquille bordé de jardins de cocotiers, d'aréquiers, de forêts de tràm. Ces fleuves communiquent par le *Tac-thu* (6 k^m) avec le rach *Giòng-kê*, (18 k^m) bordé de palmiers d'eau à son confluent, de rizières, de jardins, vers la première partie de son cours, avec le rach *Quan-lộ* (41 k^m) habité sur ses deux rives, et le sông *Gành-hào*. Plus au Sud, se trouvent: le sông *Đòng-cung* (23 k^m) qui traverse une région peuplée de cây-đuoc, le rach *Cây-đòi* (15 k^m) de peu d'importance, le sông *Bải-hap* (44 k^m) profond et large; le sông *Cưa-lớn* (32 k^m) le plus large de tous les cours d'eau de la province, qui reçoit le rach *Cài-ngay* (16 k^m) s'écoulant dans une région encore en friches où vivent seulement des pêcheurs et des charbonniers.

Dans le deuxième groupe, on rencontre du Sud au Nord
le rạch *Dương-kê* (30 k^m), le sòng *Bồ-đề* (13 k^m) qui parait
être une branche du Cua lon, lesquels semblent naître du
sông *Đầm-đòi* et du sông *Đầm-chim* (27 k^m) et coulent dans
une région bordée d'arbres de toutes sortes et peuplée de
singes; le *Gành-hào* (55 k^m) assez rapide, que bordent de
nombreuses concessions nouvellement mises en valeur;
enfin *le rạch Bạcliêu* (35 k^m) qui rejoint *le rạch Cỏ-cỏ*, (18 k^m)
lequel devient *le sông Mỹ-thạnh* (25 k^m) avant de se jeter
dans la mer sur la limite des Provinces de Bacliêu et de
Soctrang; ces trois dernières rivières sont bordées de magni-
fiques rizières.

Le troisième groupe est formé par les cours d'eau qui se
rendent dans le Bassac par le *rạch Ba-xuyên*.

Tous ces fleuves et rivières communiquent entre eux par
des bras qui permettent de se rendre assez facilement de
tous les points de la Province à Bacliêu ou à Càmau par
voie fluviale; leurs eaux rendues noirâtres par la décomposition des détritus de végétaux des forêts (elles ont donné
leur nom à Càmau: eau noire en Cambodgien) charrient une
grande quantité de limon qu'elles déposent à leur embouchure sous forme de banc rendant ainsi difficile la navigation
aux grands bateaux; toutefois tous forment un admirable
réseau fluvial pour les petites chaloupes, les sampans et les
pirogues et le sông Òng-đốc dont Càmau peut être considéré
comme étant le port est même accessible aux grosses jonques
de mer qui viennent y commercer.

5. — LES CANAUX

L'admirable réseau fluvial de la Province de Baclieu est
complété par un ensemble de canaux ayant pour but de
dessécher les parties marécageuses pour permettre les cultures et faciliter en même temps la navigation.

Ces canaux conduisent les eaux dans les rachs ou fleuves se déversant dans la mer ; ils peuvent être classés en deux groupes : les grands canaux situés à l'Ouest de Baclièu, et les petits canaux situés surtout à l'Est.

Les canaux comprennent :

1º Le canal de Baclièu à Càmau ;

2º Le canal de Quan-lộ à Phùng-hiệp qui assèche le Nord du canton de Long-thuy et fait communiquer Càmau avec Càntbơ et Sốctrang ;

3º Le canal de Quan-lộ à Giarai qui assèche l'Est du canton de Long-thủy et fait communiquer Giarai avec Rạchgià ;

4º Le canal de Canh-den (Bạch-ngưu) qui fait communiquer le rạch Giồng-kè avec le rạch Canh-den ;

5º Le canal du Song-trem au Canh-den et sông Cái-lớn qui assèche le canton de Long-thới ;

6º Le canal de Baclièu Càmau au rach Nhan-dua qui fait communiquer Baclièu avec Rạchgià ;

7º Le canal du sông Bải-hạp au sông Gành-hào qui assèche les cantons de Quảng-an, Quảng-xuyèn et les met en communication avec Càmau.

Les petits canaux comprennent :

1º Le canal de Giồng-mè qui longe les salines et permet l'évacuation du sel ;

2º Le canal de Baclièu à Bải-xàu qui fait communiquer Baclièu àvec Sốctrang en passant par Cai-day et Phú-lộc ;

3º Le canal de Thạnh-hưng qui fait communiquer Baclièu et Vĩnh-chàu, mais qui n'est accessible qu'aux petits sampans par suite d'envasement ;

4º Les canaux de Trà-nho et de Vĩnh-châu Cò-cò qui font communiquer Lạc hòa Vĩnh-phước et Vĩnh-chàu avec le rạch Cô cò ;

5º Le canal de Vĩnh-châu à Khánh-hoà ;

6º Les canaux de Văm-sặt et de Thi-yam-yam qui font communiquer Lạc-hoà avec la mer par le rạch Trà-nhiêu et le sông Mỹ-thạnh.

Le creusement de tous ces canaux et leur entretien qui nécessite des dragages fréquents coûte chaque année beaucoup d'argent, mais ces travaux ont permis à la province de devenir par la fertilité de ses rizières une des premières Provinces de la Cochinchine.

6. — LES ROUTES

Quoique admirablement desservie par son réseau de cours d'eau et de canaux, la Province possède en outre un certain nombre de routes qui rayonnent surtout autour du Chef-lieu.

1º La route de Baclièu à Sốctrăng qui met le Chef-lieu en communication avec Saigon (280 k^m) et Mỹtho par Sốctrăng, Cầntho et Vĩnhlong.

2º La route de Mỹ-thạnh (53 k^m) qui met Baclièu en communication avec l'Est de la province jusqu'à la mer en passant par Vĩnh-trạch, Lai-hoà, Vĩnh-phước, Vĩnh-châu et Lạc-hoà. De cette route partent les embranchements de Vĩnh-trạch à An-trạch-đông (3 k^m), de Vĩnh-phước à Cô-cò (5 k^m 500), de Vĩnh-châu à Khánh-hoà (6 k^m), de Vĩnh-châu à la mer (5 k^m 700).

3º La route de Càmau construite jusqu'à Phong-thạnh et en voie d'achèvement de Phong-thạnh jusqu'à Càmau; cette route passe à Hoà-bình et porte les embranchements de Hoà-thạnh aux salines de Lang-giài, de Vĩnh-mỹ, de Longđiền et de Giarai.

4º La route de Baclièu à Gia-hội (14 k^m) en passant par Hưng-hội.

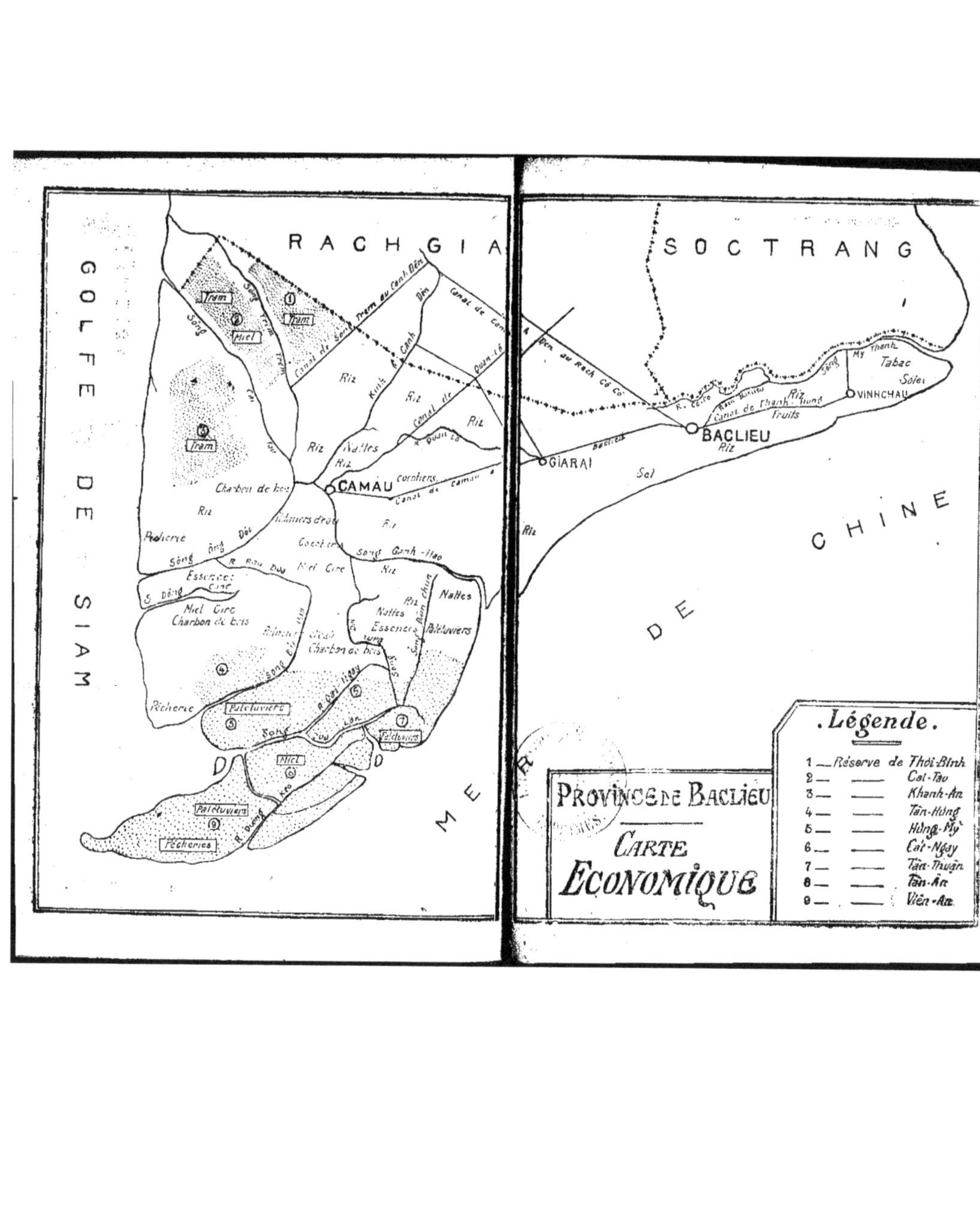
GOLFE DE SIAM
RACH GIA
SOCTRANG
Tram
Miel
Tram
Tram
Riz
Riz
Riz
Riz
Nattes
Riz
Charbon de bois
Ranniers d'eau
Cocotiers
Canal de Camau
CAMAU
Riz
Pêcherie
Song Ong Doc
Cocotiers
Song Ganh-Hao
Essences
Miel Cire
Miel Cire
Charbon de bois
Riz
Nattes
Nattes
Essences
Palétuviers
Charbon de bois
Pêcherie
Palétuviers
Palétuviers
Miel
Palétuviers
Pêcheries
MER
DE CHINE
Tabac
Soie
VINHCHAU
Riz
Fruits
BACLIEU
Riz
GIARAI
Sel
Riz
Province de Baclieu
CARTE
ECONOMIQUE
. Légende .
1 — Réserve de Thôi-Binh
2 — Cai-Tau
3 — Khanh-An
4 — Tân-Hùng
5 — Hùng-Mỹ
6 — Cai-Ngay
7 — Tân-Thuận
8 — Tân-An
9 — Viên-An

5º La route de la mer (7 k^m) qui longe les salines passe près de la pagode de la baleine au milieu des jardins potagers et arrive à la côte en passant par un rustique village de pêcheurs. Elle permet une superbe promenade aux touristes.

6º La route de Giong-me (4 k^m) qui suit le canal du même nom et dessert une partie des salines.

Toutes ces routes rendent les plus grands services, mais elles sont d'un entretien difficile à cause du prix élevé du granit qui oblige à faire les rechargements de certaines d'entre elles en terre cuite; ces routes ne sont alors très praticables qu'à la saison sèche.

On envisage enfin pour plus tard la construction de deux routes reliant Camau à la mer : l'une vers l'Ouest l'autre vers le Sud. La proximité relative de l'île de Da-bac de consistance granitique permettrait par l'ouverture de carrières la construction assez rapide et l'entretien facile de ces routes et de celles de la région.

7. — LA CULTURE DU RIZ

Le riz occupe la plus grande partie des terrains défrichés de la province.

Cela tient à la constitution du sol formé surtout d'humus provenant de la décomposition des végétaux et d'argile apporté par les rivières en communication avec le Bassac. Les terrains formés sont excellents pour la culture du riz, à condition que l'eau n'y séjourne pas trop et puisse s'écouler en entrainant les excès d'alun et de sel que l'on trouve dans certains terrains.

La richesse du sol ainsi formé fait que les habitants défrichent au fur et à mesure que la construction des canaux permet l'écoulement des eaux. Aussi la rizière s'étend chaque année.

Actuellement la surface ensemencée en riz est d'environ 150.000 hectares. On distingue dans la province deux grandes régions de rizières :

1º Les rizières de la région Bacliêu-Vĩnh-châu ; ce sont les plus anciennes ; elles sont établiés sur des terrains d'une légère élévation ; elles sont déjà appauvries par manque d'humus et demandent des pluies abondantes ; elles sont sujettes à la destruction par les crabes des jeunes tiges de riz nouvellement repiquées qu'ils coupent avec leurs pinces.

2º Les rizières de la région Giârai-Càmau plus basses, plus riches, qui ne demandent que des pluies modérées ; elles sont sujettes par les pluies nocturnes, à la destruction par les rats des tiges en fleur.

Les principales variétés de riz cultivées dans la province sont : parmi les *riz hâtifs* : le nang-quot, le dé-vàng, le mong-chim, et le nếp-thang ;

parmi le riz de demi-saison : le nàng-ho, le nàng-nhan, le trang-tep, le ba-tram, le nếp-tô ;

parmi le riz de saison : le nàng-phet, le nàng-chap, le trang-lon et le nếp-ruôi.

Enfin les principales variétés de riz tardifs sont : le Sa an le Chùm-duộc, le Huê-kỳ le nếp-muông.

Une grande partie du riz cultivé dans la province est destinée à l'exportation et sert à alimenter la Cochinchine, la Chine et le Japon. Cette exportation qui était d'un peu plus de 300.000 piculs, il y a 20 ans, est passée à près de 3.000.000 de piculs ; elle a donc décuplé.

L'avenir de la Province est tout entier dans la culture des rizières.

8. — LES CULTURES DIVERSES

A côté de la culture du riz qui est la culture principale, la Province de Baclièu compte d'autres cultures réparties sur 35.000 hectares.

Ce sont d'abord des cultures naturelles comme celles des palmiers d'eau, des joncs, qui ne demandent aucun soin, pratiquées dans les endroits très marécageux ; elles occupent plusieurs millers d'hectares.

Ce sont ensuite celles qui demandent des soins particuliers comme la culture des aréquiers, qui se pratique surtout dans les villages avoisinant Càmau ; c'est une culture familiale qui occupe une surface totale de 40 hectares environ, la culture du maïs qui se fait dans la région sablonneuse de Vĩnh-chàu : elle se répartit sur une surface de 13 hectares environ ; enfin la culture de la canne à sucre, du tabac à mâcher, qui se fait dans la même région et qui n'occupe que 5 hectares.

Des jardins, des vergers, ont été créés à l'Ouest de la Province et à l'Est dans la région des dunes.

Les principaux légumes qui sont cultivés dans les jardins pour être consommés ou vendus au marché sont : ceux dont on mange les feuilles comme le rau-húng-cây, le rau-húng-lŭối, le rau-cần-tàu, etc..., le que, le ngò, le cải-xanh, le cải-trăng, le cải-rỗ ; ceux dont on mange les racines comme le navet, le củ-sắng ; ceux dont on mange les tubercules comme la patate, l'igname, le manioc, et quelques légumes européenes comme la salade, le radis, le navet, le cardon, le céleri, le haricot, la tomate, le persil etc.... Les jardins occupent une étendue de 25 hectares environ.

Les principaux arbres fruitiers cultivés dans les vergers de la province sont : le bananier, le grenadier, le manguier, le jacquier, le papayer, le pomme-cannellier, le carambolier, le cây-dàu, dans la région de Càmau, on trouve plus spécialement : le cocotier, l'oranger, le pamplemoussier ;

à Khánh-an : le kaki, le letchi, le caféier ; à Vĩnh-châu : le sapotier. Ces cultures occupent 250 hectares.

La culture des légumes et celle des fruits sont très insuffisantes pour les besoins des habitants de la province. Les approvisionnements doivent être complétés par ceux achetés dans les provinces voisines.

9. — LES FORETS

Les forêts s'étendent sur une partie importante de la province de Bacliêu, surtout vers l'Ouest et le Sud elles occupent une superficie de plus de 475.000 hectares soit plus de la moitié de la superficie totale.

Pour conserver ces forêts, l'Administration française a créé des *réserves*. Ce sont des endroits où les bûcherons ne peuvent couper que certaines espèces d'arbres. Partout ailleurs c'est la forêt libre. En forêt libre, les bûcherons peuvent couper tous les arbres ayant des dimensions déterminées.

Les réserves forestières couvrent une superficie totale de 190.000 hectares environ. Elles sont au nombre de 9 ; ce sont celles de : *Thới-bình*, de *Cái-tàu*, de *Khánh-an*, de *Tân-hưng*, de *Hưng-mỹ*, de *Cai-ngay*, de *Tân-thuận*, de *Tân-an* et de *Viễn-an*.

Les principales espèces de bois sont: le *tràm*, qui se rencontre à peu près partout et qui sert comme bois de construction. et comme bois de chauffage ; le *già* moins répandu, qui sert à faire les cai cong et dont l'écorce est exportée à Cholon pour tanner les cuirs et teindre les filets de pêche en les rendant imputrescibles ; *le coc*, le *vet* qui servent à faire des cai cong et des charpentes ; le *dược* arbre de plus grande dimension que les précédents, d'un bois dur et qui sert principalement à la fabrication du charbon de bois, et à la confection des dents de moulin à décortiquer, son écorce sert aussi pour le tannage ; *le su* est un arbre d'un bois rougeâtre peu répandu, qui sert à faire des colonnes ; *le mam* et *le gua* qui servent surtout comme bois de chauffage ; *le gia* arbre de dimension moyenne, d'un bois tendre, un peu spongieux et qui ne pourrit pas dans le sol, on s'en sert pour faire des pieux de cai-cong ; enfin quelques palmiers comme le *chà-là* dont la tige épineuse sert à faire la charpente des paillottes et dont le chou à un moment de l'année (Juin ou Juillet) donne le ver palmiste. Le *kè* palmier de grande dimension dont la tige sert à faire des panneaux sur lesquels sont gravés des caractères chinois.

Les forêts de la province sont le plus souvent inondées et d'une exploitation difficile ; elles disparaissent petit à petit par le défrichement pour faire place à des rizières.

10. — LES ANIMAUX DOMESTIQUES

Les animaux domestiques que l'on utilise dans la province pour les travaux des champs sont le *buffle* et le *bœuf;* ces animaux s'élèvent difficilement dans le pays, parce qu'il y a peu d'eau potable et à cause du manque de pâturages. La plupart des bœufs et des buffles sont achetés au Cambodge ou dans les Provinces de Châudốc, de Bentré, de Tràvinh. Seuls quelques agriculteurs peuvent élever les animaux nécessaires pour leurs travaux. Il y a aussi quelques *chevaux* et dans la région de Vĩnh-châu où les terrains permettent un peu d'élevage, il y a quelques *vaches.*

Il n'y a pas de grands troupeaux de *porcs;* l'élevage en est fait dans chaque famille et ne s'étend que sur quelques animaux pour la nourriture desquels on utilise le son, les brisures de riz cuites mélangées à des troncs de bananier, les résidus de nourriture, les eaux grasses, etc..., ces animaux sont surtout utilisés pour les besoins de la consommation locale ; quelques-uns sont vendus aux jonques de mer qui viennent les acheter dans la région de Càmau.

Quelques Indiens s'occupent également de l'élevage des *chèvres* dont ils mangent la chair et vendent le lait.

On élève aussi d'assez nombreux animaux de basse-cour dont les principaux sont les *poules*, les *canards*, les *pigeons*. Les poules sont élevées un peu partout ; les canards le sont surtout dans les villages de Hòa-bình, Lang-giài, Vĩnh-mỹ, où l'on met couver les œufs sous la balle de paddy ; les canetons éclos sont mis à barboter dans les rizières où ils trouvent leur nourriture en riz et en poisson.

Il y a encore des *oies* et des *dindons;* certains cultivateurs élèvent aussi quelques *lapins*.

---

11. — LES ANIMAUX SAUVAGES

La Province de Baclièu, à cause de ses forêts très étendues a beaucoup d'animaux sauvages. On y trouve le *tigre*, la *panthère*, le *chat tigré*, le *sanglier*, le *cerf*, à peu près dans toutes les forêts de Càmau. Il y avait autrefois des *éléphants*, mais ils ont à peu près complètement disparu aujourd'hui.

On y rencontre encore des singes comme le *con khỉ* ordinaire, le *con lọ-nồi* dont le poil blanchâtre ou grisâtre est en partie tacheté de noir ; des renards de plusieurs espèces comme le *chồn-cáo-cọc* dont le poil ressemble à celui de la panthère, le *con chồn-mướp* ou renard grimpeur répandant une odeur de musc, le *chồn-đèn* vivant dans les buissons, des écureuils comme le *con sóc* au poil gris, vivant surtout du lait de l'amande du coco, le *con dơi* de petite taille au poil rougeâtre, vivant dans les buissons, le *lièvre*, l'*iguane* sorte de gros lézard.

On trouve encore un grand nombre de serpents comme le *rắn hổ-đất* vivant sous terre, le *rắn hổ-mây* très long, très redouté, mais rare; le *rắn mái-gầm* au corps aplati de côté, rayé de noir et de jaune, tous trois venimeux; le *rắn trung* de forme à peu près cylindrique, au corps couvert de raies noires, et duquel on dit qu'il pique avec sa tête et répand son venin avec sa queue; le *rắn lục* qui est inoffensif quand il est bleu, venimeux si sa queue est rouge; la *couleuvre* ou serpent d'eau, inoffensif, les *pythons* dont on mange la chair.

On y voit encore les crocodiles comme le *con sấu* vivant dans les cours d'eau; le *sấu-cá* moins gros, vivant plutôt dans les mares; les *loutres* qui vivent dans le voisinage des cours d'eau, etc...

Enfin on trouve des oiseaux comme le *pélican*, les *marabouts*, les *aigrettes*, les *sarcelles*, les *canards sauvages*, les *plongeons*, les *bécassines*, les *martins-pêcheurs*, les *poules sultanes*, les *corbeaux*, les *hérons* et de nombreux *passereaux*.

D'excellents terrains de chasse se trouvent dans les cantons de Thạnh-hòa et Thạnh-hưng, dans les cantons de Long-thủy, de Quản-xuyên, de Quản-long.

12. — LES POISSONS

Les poissons sont très abondants dans la province à cause de l'étendue des côtes et des nombreux cours d'eau qu'on y rencontre.

La pêche fait vivre des villages entiers. Les principales pêcheries sont: sur la côte du Golfe de Siam, celles de Hưng-mỹ; sur la côte de la mer de Chine, celles de Viễn-an, Tân-an, Tân-thuận, Baclieu et Mỹ-thạnh. Il y a un peu partout des pêcheries établies sur les cours d'eau, et d'immenses fosses où le poisson se rassemble à la saison sèche au fur et à mesure que l'eau des rizières s'écoule.

Ces poissons sont pêchés avec toutes sortes de filets ou de lignes, avec des nasses, des claies en bambou.

Les principaux poissons de mer sont: le *cá-vược* (sorte de grosse perche), le *cá-chét*, le *cá-đao* (espadon), le *cá-gộc* (sorte de gros silure), le *cá-chim* (sorte de turbot) le *cá-thu* (thon), le *cá-buôi* (mulet), le *cá-đuối* (raie), le *cá-lưỡi-trâu* (sole), la *vieille*, le *cá-mòi* (sardine).

Les principaux poissons d'eau douce pêchés dans les rivières sont: le *cá-chẻm* (carpe), le *cá-ngạc* (sorte de silure), le *cá-đối* (sorte de mulet), le *cá-cháy* (barbeau), le *cá-su* (corasin).

Les principaux poissons des rizières sont: le *cá-lóc*, le *cá-bông* (sorte de goujon), le *cá-dầy*, le *cá-rô* (anabas), le *cá-trê* (silure), le *cá-sặc*, etc. etc.....

On pêche aussi beaucoup de crustacés (crabes, crevettes, langoustes) et de coquillages.

Certains poissons sont vendus vivants sur place; le plus grand nombre sont salés, séchés et sont vendus soit à Cholon, soit aux jonques de mer qui viennent s'approvisionner à Càmau.

Chaque famille de cultivateurs conserve une certaine quantité de poissons salés pour la nourriture des journaliers au moment des travaux des champs.

Enfin les menus poissons ou ceux qui sont impropres à la consommation sont séchés et vendus comme engrais aux habitants des Provinces de Bentré, de Tràvinh, pour la culture des concombres, des melons, des pastèques.

---

13. — LES SALINES

Une source importante de revenus pour la Province de Baclièu, est l'exploitation des salines situées sur la côte de la mer de Chine, au Sud du chef-lieu,

Ces salines s'étendent sur une surface de 727 hectares. Elles sont au nombre de 13 appartenant à 7 sauniers.

Elles forment deux groupes: celui de Ông-bôn (6 salines) et celui de Giồng-me (7 salines).

L'eau salée est amenée par des canaux et admise dans des vasières où elle pénètre par les hautes marées. L'eau salée subit dans ces *vasières* une première concentration et dépose ses impuretés. Elle est ensuite transvasée à main d'homme (tác nước) dans plusieurs séries de *réservoirs* (quatre en général) où elle se concentre de plus en plus en continuant à déposer ses impuretés. L'eau salée des réservoirs est ensuite admise sur des aires d'*évaporation* par les mêmes procédés, c'est sur ces aires d'évaporation, sortes de grands réservoirs plats damés et roulés, que la cristallisation s'effectue.

La première cristallisation s'obtient au bout d'un mois; la 2e au bout de 20 jours, la 3e est plus rapide encore si toutefois la pluie n'est pas venue diminuer la concentration de l'eau. On fait ainsi généralement 3 récoltes par an; cette récolte s'obtient par le râclage du sel cristallisé sur les aires.

Le travail des sauniers est très pénible; il est généralement effectué par des Chinois que l'on paie un prix assez élevé.

La quantité de sel récolté est très variable suivant la durée de la saison sèche; la récolte de 1924 a été de 33.000 tonnes, et la moyenne de la récolte pendant les 5 dernières années a été de 21.600 tonnes.

Le sel récolté ne doit pas être vendu directement aux habitants; il est acheté aux sauniers par la Douane qui le revend aux consommateurs après avoir prélevé une taxe qui rentre dans les Caisses de l'État.

14. — LE COMMERCE

Certains produits de la province se trouvent en grande quantité; les habitants n'arrivent pas à consommer tout ce qu'ils produisent, ils le vendent à l'étranger ou dans les autres provinces; ils font de l'*exportation*.

Le principal produit exporté est *le riz;* le riz est acheté sur place par des sampans qui sillonnent les rivières et les canaux; il est ramené à Baclieu, revendu à des jonques qui le transportent enfin à Cholon.

Le sel est vendu principalement à des marchands du Cambodge pour la conservation des poissons pris dans les Grands Lacs; *les poissons secs* et *salés* sont vendus à Singapour et en Chine.

Les forêts produisent des *colonnes*, du *bois de chauffage* pour les usines, les chaloupes et les briqueteries; du *charbon de bois* vendu à Pnom-Penh et dans toute la Cochinchine; des *écorces tinctoriales* ou *tannantes* vendues à Cholon, du *liège*, du *miel* et de la *cire*, des *palmiers d'eau*, des *paillottes*, des *racines de cây mốp* pour la fabrication des casques, etc. etc...

Enfin quelques *porcs* sont vendus aux jonques de mer qui en viennent acheter.

Les habitants ont besoin de certains produits qui ne se trouvent pas dans la province; ils doivent les faire venir du dehors: ils font de l'*importation*.

Un certain nombre de *buffles* et de *bœufs* sont ainsi achetés au dehors pour les besoins de la culture; les *étoffes de soie* viennent de Chine, les *étoffes de coton* de l'Inde, de France, d'Angleterre, *le thé*, de Chine, les *conserves alimentaires* de Chine, de France; des *tuiles* et des *briques* sont surtout achetées à Sadéc; la *chaux*, les *pierres*, le *sable* viennent principalement de Châuđốc; beaucoup de *meubles* viennent de Láithiêu; des *sampans annamites* de Thủđầumột, des *sampans chinois* de Cholon, des *pirogues* du Cambodge, etc. etc...

Enfin les habitants achètent aussi beaucoup *d'articles de bazar*, de *vêtements*, de *chaussures*, de *chapeaux* dans les grands magasins de la métropole et à Saigon, d'où ils font venir également *l'essence* pour les automobiles, le *pétrole* pour l'éclairage dont il existe même un dépôt au chef-lieu.

Le commerce de la province à cause de l'importance de certains de ses produits est donc considérable.

15. — L'INDUSTRIE

La province ne possède pas de grandes industries, cependant quelques petites industries locales s'y sont établies. C'est ainsi que le village de Vĩnh-lợi a fait installer une *usine électrique*, qui fournit l'éclairage au chef-lieu, des particuliers ont établi des *fabriques de glace*. Quelques riziculteurs ont créé de petites usines pour la *décortiquerie ;* tandis que de nombreux Chinois ou Annamites pratiquent cette opération à l'aide du moulin et du pilon ; près de 400 *fours* pour la fabrication du *charbon de bois* ont été construits dans les forêts de Khánh-an, Hưng-mỹ, Viên-an, Tân-an ; des *briqueteries* ont été établies à Càmau, à Giarai, à Hưng-hội, à Phong-thạnh ; les villages de Tân-thạnh, de Tân-duyệt, Hòa-thạnh fabriquent des *nattes* avec les joncs du pays ; une *distillerie* fabrique de l'alcool à Bacliêu ; des *scieries* sont installées le long des rạchs à Bacliêu, à Càmau, à Giarai ; les pêcheurs font *sécher* ou *saler* le poisson ; la région de Càmau fournit encore des *palmiers d'eau* pour la couverture des maisons et la fabrication des *paillottes cousues ;* les Cambodgiens de la région de Vĩnh-Châu élèvent le *vers-à-soie*

Enfin un peu partout, des ouvriers fabriquent des *outils ;* haches, coupe-coupe, couteau ; des *instruments aratoire :* charrues, rouleaux, herses, faux, faucilles ; des *objets en fer blanc*: seaux, lampes ; des *objets en bois* : seaux, fléaux, sabots, etc...

Des Chinois s'occupent d'alimentation et fabriquent les uns des *pâtes alimentaires* avec du riz, des haricots, les autres des *saucisses*, des *gateaux*, du *pain*, etc... d'autres enfin fabriquent des *chaussures*, d'autres des *bijoux*, etc...

16. — LES VOIES DE COMMUNICATION

Les communications entre Bacliêu-Saigon et les centres importants de Cochinchine sont assurées grâce aux routes, aux voies fluviales et aux canaux.

Le service par eau est assuré par les chaloupes des *Messageries Fluviales* ou par des *chaloupes chinoises*. Les chaloupes des Messageries Fluviales font tous les jours, sauf le lundi le trajet de *Bacl1êu-Bảixàu-Sốctrăng-Đạingải-Mạcbắt*, avec correspondance à Sốctrăng avec la chaloupe *Mỹtho-Sốctrăng*, à Mạcbắt avec le service d'automobile *Mạcbắt-Tràvinh*, et deux fois par semaine les mercredi soir et dimanche soir avec la grande chaloupe de l'Ouest qui assure le voyage *Đạingải-Saigon* en passant par Cầntho-Longxuyên-Châuđốc-Sađéc-Vĩnhlong et Mỹtho.

Une fois par semaine une chaloupe de Bacliêu assure le service direct *Bacliêu-Mỹtho* et retour.

Enfin un autre service de chaloupe assuré un jour par les Fluviales, un autre jour par une chaloupe chinoise, relie *Càmau à Cầntho*.

Des chaloupes chinoises assurent aussi le service direct *Bacliêu-Cholon*, mais elles ne partent pas à jour fixe, attendant pour le faire d'avoir suffisamment de marchandises ; le voyage est long car elles remorquent généralement des chalands.

Enfin d'autres chaloupes chinoises assurent le service entre *Bacliêu-Càmau* et les villages importants des environs.

Plusieurs *services d'automobiles*, dont le *service postal* partent chaque jour de *Bacliêu pour Saigon et Mỹtho* desservant en route: Sốctrăng, Cầntho et Vĩnhlong ; d'autres services relient *le chef-lieu* à *Hòa-bình, Gia-rai, Vĩnh-chàu*, centres importants de la province.

Ainsi grâce aux nombreuses routes qui ont été construites et aux rapides automobiles qui les sillonnent, Bacliêu bien que situé à 280 k^m de Saigon, n'est plus en réalité qu'à sept heures de la capitale; la ligne télégraphique, l'installation récente d'une ligne téléphonique font que ce chef-lieu n'est plus le poste isolé qu'on s'est plu trop souvent à représenter.

17. — LA POPULATION

La province n'était habitée il y a une centaine d'années que par des Cambodgiens et des Chinois; les Annamites n'aimaient pas venir travailler dans la région: « Baclièu est un pays arriéré disaient-ils; on ne trouve dans l'eau que des cá-chốt et sur la terre que des Trièu-chàu ». En réalité c'était parce que les conditions de vie étaient alors très difficiles, par suite de l'abondance des fauves, du pullulement des moustiques et du manque d'eau potable.

Les premiers Annamites venus dans la province constituèrent surtout une population nomade travaillant durant la saison rizicole dans les cantons de Thạnh-bòa et de Thạnh-hưng, alors les seuls cultivés.

Par suite des travaux effectués par l'Administration française, des terres extrêmement riches ont été mises en valeur un peu partout, et une nombreuse population indigène s'est installée définitivement dans le pays.

Cette population s'élève actuellement à 180.000 habitants se répartissant de la façon suivante:

Annamites......................	135.000
Cambodgiens...................	25.000
Minh-hương...................	11.000
Chinois.......................	9.000

Il faut y ajouter une centaine d'Indiens et de Malais.

La population européenne qui compte une centaine d'habitants est composée de fonctionnaires et de colons placés à la tête d'usines ou d'exploitations agricoles.

La population annamite est formée en grande partie d'habitants originaires des autres provinces et même des autres pays de l'Indochine; ils se livrent surtout à la culture des terres, à l'exploitation des forêts et à la pêche ; quelques-uns parmi les plus instruits ont su créer et faire prospérer d'intéressantes entreprises.

Les Chinois, venus à la suite de Mac-Cửu, vers 1690, se sont installés un peu partout. On leur doit la fondation de centres importants de population dont Bacliêu et Càmau. Les Chinois détiennent à peu près tout le commerce et une partie de la petite industrie de la province; de leur mariage avec les femmes annamites et les femmes cambodgiennes sont nés les Minh hương qui sont aujourd'hui assimilés aux Annamites.

Les Annamites de la province ont adopté à peu près les coutumes des Chinois; les uns et les autres célèbrent les mêmes fêtes; ce sont: le Tết, la fête des tombeaux, la mi-année, les sacrifices aux mânes errantes, la fête des enfants, les fêtes rituelles dans les pagodes en l'honneur des génies tutélaires.

Les Cambodgiens habitent les villages de l'Est de la province où ils s'adonnent aux travaux agricoles; ils ont gardé leurs coutumes et leur religion; ils font instruire le plus souvent leurs enfants dans les écoles de pagode, et célèbrent le chomec ou fête du nouvel an et la fête des eaux.

Avec l'importance que prend chaque jour la province, sa population ne pourra que continuer à s'accroître.

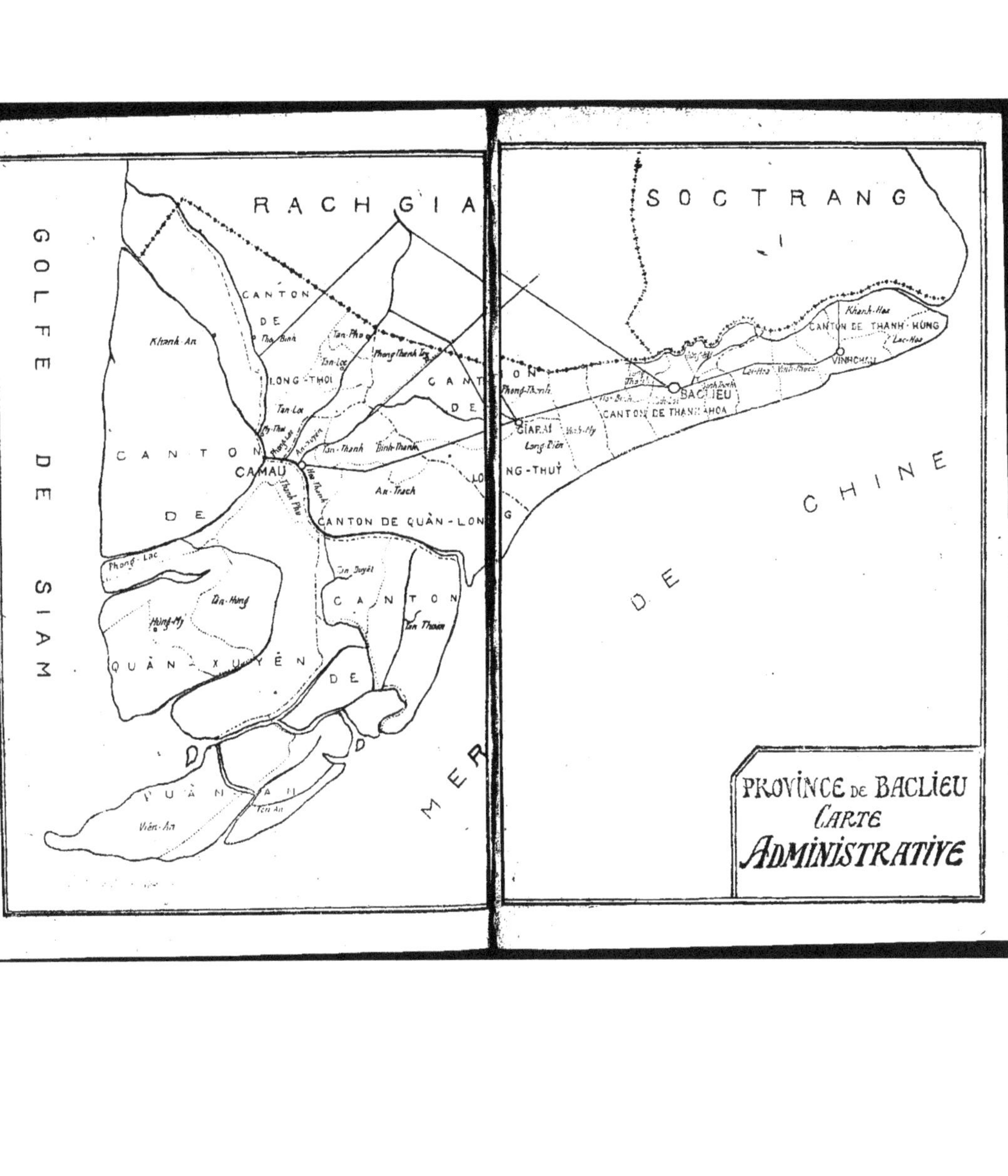

RACH GIA
SOCTRANG
GOLFE DE SIAM
MER DE CHINE
CANTON DE Tho-Binh
Khanh-An
Tan-Pho
Tan-Loc
LONG-THOI
Phong-Thanh-Tay
CANTON DE
Phong-Thanh
CANTON CAMAU
Tan-Loc
Phong-Lac
An-Xuyen
Tan-Thanh
Binh-Thanh
Thanh-Phu
Hoa-Thanh
An-Trach
CANTON DE QUAN-LON
GIARAI
Long-Dien
Vinh-My
LONG-THUY
CANTON DE
Phong-Lac
Tan-Hung
Tan-Duyet
CANTON DE
Hung-My
Tan-Thanh
QUAN XUYEN
QUAN AN
Vien-An
Tan-An
BACLIEU
CANTON DE THANH-HOA
CANTON DE THANH-HUNG
Khanh-Hoa
Lac-Hoa
VINHCHAU
Vinh-Phuoc
Lai-Hoa
Tho
BACLIEU
PROVINCE DE BACLIEU
CARTE
ADMINISTRATIVE

18. — LES PRINCIPAUX MARCHÉS

Les principaux marchés de la province sont par ordre d'importance ceux de Baclîêu, (Vĭnh-lợi), de Giarai, de Càmau, de Hòa-bình et de Vĩnh-châu.

Le marché du chef-lieu se tient chaque jour le matin et le soir ; il est abrité par une confortable construction complétée par une poissonnerie en bordure du rạch. Il est alimenté par des produits pris les uns sur place les autres amenés en jonques, en sampans, en barques, des autres points de la province ou des provinces voisines et même de Saigon et de Cholon. On y trouve de la viande, des légumes, des fruits, des condiments, et tout autour dans les boutiques, on peut acheter des produits de toute sorte : poterie, vaisselle, mercerie, étoffes, articles de bazar, etc...

Baclîêu est en outre la résidence de l'Administrateur Chef de Province et des principaux Chefs de service.

Giarai, grâce à la fertilité de ses rizières est devenu depuis 1914 un centre important pour la vente du riz. La facilité des communications par eau permet aux sampans chinois de venir acheter le paddy qui leur est amené en pirogue des diverses propriétés. Giarai possède une belle halle bordée de boutiques à étages ; son marché est assez bien approvisionné en viande, en légumes, en fruits. Depuis 1917 c'est un poste administratif.

La situation de Càmau sur le lieu de croisement de plusieurs voies fluviales en fait un point tout désigné pour l'évacuation de tous les produits de la région qui consistent en riz, poisson sec ou salé, bois de chauffage, bois de construction, écorces, charbon de bois, miel, cire, feuilles de palmiers, etc... Ces produits sont dirigés soit sur l'intérieur de la Cochinchine, soit par les jonques de mer sur Singapour, Hainan, le Siam.

Càmau est un poste administratif ; son marché est une halle métallique où se vendent chaque matin les denrées courantes ; de nombreuses boutiques tiennent des produits européens et chinois très variés.

Hòa-binh a une population assez dense due à sa situation près des rizières et du canal de Càmau sur lequel se fait un commerce de riz important. Le marché semblable à celui de Càmau se tient le matin ; les boutiques ne vendent que des denrées courantes à cause de la proximité de Baclièu où les habitants préfèrent s'approvisionner.

Vĩnh-châu doit à l'étendue de ses rizières, à l'importance de sa population et à sa situation à l'une des extrémités de la province d'être devenu un poste administratif. C'est un centre propre, coquet, peu éloigné de la mer et relié au chef-lieu par une belle route. Vĩnh-châu possède un marché où se vendent surtout des poissons frais et quantité de légumes cultivés sur les dunes. Un important commerce de riz se pratique également sur les arroyos.

19. — L'ADMINISTRATION

La province fut créée en 1882. Elle fut formée des cantons de Thạnh-hòa, et de Thạnh-hưng qui dépendaient de Sốc-trăng et des cantons de Long-thủy, Quản-long, Quản-xuyên qui formaient la circonscription de Càmau et ressortissaient de Rạchgià.

Depuis 1921, une partie du canton de Long-thủy a formé le canton de Longthới, et une partie du canton de Quản-xuyên a formé le canton de Quản-an. La province compte donc maintenant 7 cantons.

L'Administration centrale est entre les mains d'un Administrateur Chef de Province secondé par un Administrateur-adjoint et un Comptable. Il est éclairé sur les besoins de la population indigène par un Conseil de province formé de membres élus par un collège électoral composé de délégués des conseils des notables. Chaque canton est administré par un Chef de canton, un sous-chef de canton ou un hau-biện. Chaque village est administré par le Conseil des notables qui siège à la maison commune.

La province est divisée en 4 délégations ayant à leur tête un Délégué administratif. Ces délégations sont: celles de Càmau qui comprend les cantons de Long-thới (4 villages) de Quản-an (4 villages), de Quản-long (5 villages), de Quản-xuyên (5 villages), celle de Giarai formée par le canton de Long-thủy (4 villages); celle de Vĩnh-châu formée par le canton de Thạnh-hưng (5 villages); celle de Vĩnh-lợi, formée par le canton de Thạnh-hòa (5 villages).

L'Administrateur Chef de Province a sous ses ordres un certain nombre de fonctionnaires européens chargés chacun d'un service spécial. Ces services sont: l'Assistance médicale qui veille au maintien de la santé publique; le Cadastre qui s'occupe de la délimitation des terrains; les Douanes et Régies dont les agents veillent à la récolte, à la vente du sel, à la fabrication et à la vente de l'alcool, à la consommation de l'opium; l'Enseignement chargé de la diffusion de l'instruction; les Travaux Publics qui construisent et entretiennent les routes, les canaux, les bâtiments administratifs, enfin le Trésor qui effectue les paiements au compte de l'Etat et perçoit les impôts.

Le Service Judiciaire réprime les crimes et les délits; aidé par la Gendarmerie et la Police de sûreté, il veille à l'ordre et à la sécurité des habitants.

20. — CONCLUSION

La Province de Baclièu est devenue depuis quelques années une des plus riches provinces de la Cochinchine. Elle le doit surtout aux travaux entrepris par l'Administration française qui ont permis d'exploiter des terrains jusqu'ici sans valeur.

C'est ainsi que de nombreux canaux ayant été creusés ou dragués on a pù assécher des terrains où la culture du riz a été entreprise ; cette culture, chaque jour plus florissante et plus étendue, occupe un grand nombre d'habitants qui trouvent dans ce travail les ressources nécessaires pour élever leur famille.

L'utilisation des voies fluviales rendue possible par les travaux sans cesse en cours, la construction des routes et des ponts permettent aux habitants de porter facilement leurs produits dans les marchés voisins en même temps qu'ils peuvent s'y approvisionner sans difficultés.

En outre, en prenant le monopole du sel, l'Administration a encore favorisé dans la Province l'exploitation des salines ; elle paie le sel plus cher aux sauniers que ne le faisaient avant cette mesure les commerçants chinois qui s'occupaient de ces achats, et les bénéfices souvent exagérés qu'ils réalisaient rentrent maintenant dans les caisses de l'Etat.

Enfin la Province a reçu comme partout ailleurs les bienfaits de l'Assistance médicale : elle possède un hôpital dirigé par un Médecin français assisté d'un Médecin et d'infirmiers annamites, ainsi que de Religieuses françaises et indigènes ; Càmau et Giarai possèdent une ambulance-maternité, dirigée par un médecin indigène, Vĩnh-châu, une maternité.

L'Administration a doté la Province d'un grand nombre d'écoles ; il y a une école de plein exercice pour les filles et une pour les garçons au Chef-lieu, une école de plein exercice de garçons à Hòa-bình, à Cà-mau, à Vĩnh-châu et 40 écoles élémentaires réparties dans tous les villages même les plus reculés ; ces écoles répandent l'instruction à près de 3000 élèves.

La situation des habitants de la province est maintenant très prospère ; beaucoup d'entre eux se sont enrichis ou jouissent d'une très large aisance ; les confortables maisons richement meublées qu'on aperçoit en certains endroits, la profusion d'automobiles qui circulent, le grand nombre de voyageurs que l'on rencontre, l'affluence dans les marchés des vendeurs et des acheteurs sont une preuve certaine de la prospérité du pays.

SAIGON
IMPRIMERIE DE L'UNION
1925

Tirage 500 exemplaires
Saigon le 21 / 11 / 1932